가슴에 번지는 미련

지한주 시집

시와사람

가슴에 번지는 미련

■ 시인의 말

자신을 뒤돌아보면서

언제나 겸허히 마음을 열고 한 줄 한 줄
정성들여 시를 갈고 닦는 순간만은 자신을
한번쯤 뒤돌아보는 성찰의 시간을 가져 본다.
기쁨과 슬픔 속에 미처 못 다한 그리움의 순간들
가슴속 이야기들이 시를 쓸 때마다 채우지
못한 미련 속에 못내 허전하고 아쉬워진다.
시집을 낼 때마다 못다 이룬 꿈처럼 항상
부족한 자신을 발견하고 좀 더 성숙된 내면의
사유들을 풀어 보려고 막상 노력해 보지만 그게
마음대로 이루지 못한 허탈감을 느끼기도 한다.
모든 게 부족하고 미숙 하지만 그래도 어느 한
점 마음에 와 닿는 그런 사연 한 구절 있었음
하는 나의 작은 바램이다.

2021년 영춘당에서
지한주

차 례

2 그리운 사람들

3 향기는 너울을 타고

4 풀꽃 같은 마음으로

5 가슴에 번지는 미련

1

행복이 따로 있나

사랑의 눈빛

속내 피어나는
여린 봄
江 건너 저 멀리서
소리 없이 오는 그대
마냥 기쁨이 외다

스산한 바람결에
서성인 들녘 길
온 대지에 훈풍이 불면
겨우내 잠자던 아스라한 손
언제나 해맑은 모습으로
그리며 오는 기다림

모두가 포근한 마음 깃
베풀어 주는 즐거움이다
자연이 주는 행복의 손길
기다려지는 봄이다

인간 사
온 누리에
사랑하는 눈빛으로

〈

아늑히 보살펴주는
봄을 닮아라.

지리산

바람도 잠자는 계곡
산은 위대했다.
장엄하게 펼쳐진 신의 곡예
이름 모를 원혼들이 맴돌다
시류를 달래고 구름도 쉬어가는
너른 성삼재의 긴 나들이

산사에 머문
석불의 좌상이 참선을 발하고
어울려 사는 나무, 풀
짐승 바람 모든 인연들이
위로는 푸른 강을 이루고
골짜기마다에 산 역사가
오랜 침묵 속에 꿈을 개고 앉아
영험을 수놓은 능선자락

시시각각
세월의 뒤안길로 모든 게
비켜가고 계절의 변화가
꽃바람으로 피고지고
고뇌로 일렁인 무변의 세계

〈

고운 자태 드리우고
큰 산은 생명을 언제나
인간에게 불어 넣고 있었다.

자연 친화론

들꽃,풀잎 대지속의
이름 없는 생명들
자연은 가고 오는 이치로
하늘 향한 삶은 말없이
저물어 가는데

마음을 비워야지
허물을 벗어야지
거짓 없는 색깔 제 맛을 내는
그런 순환의 진리를 배워
하늘을 사랑하리라
참 나를 사랑하리라

무시로 번지는 욕구
동자승의 기도로
세상사는 화두를 던져
모진 가슴앓이
산고를 겪고 나면
넉넉한 자태가 되어

속내 드러내지 않고

〈

오염 씻겨가는
지루하지 않은 날
풀꽃들의 대화 속으로
세월의 강 흐름이 되리라.

광야를 향하여

산이 좋아 산이 있고
출렁이는 하늘 바다
바람 부는 푸른 언덕너머
한 순간 기다리며 사는 들꽃을 보라
시공을 헤집고 사람 사는 인연으로
자연 같은 옹골찬 대화를 나눠
깃발이 날리고 하늘 바람 불어와
태초에 말씀으로 억겁의 세월에
흘러온 정겨운 소리를 듣는다.

더디게 핀 꽃잎이 소중하듯
뒤늦게 찾은 생의 연유는
뒤안길에서 생기 찾은 삶의 분화구
한정 없이 주워 담고픈 열매맺이로
초원 위를 세차게 달음박질 한다.
살가운 바람은 쉬지 말고 하늘 구름
가로질러 영혼에 시샘하며 불어라.

광야로 산야로 내뿜는
산 구름아 거리낌 없이
사악한 가면의 탈을 벗어

〈

한시라도 사람 사는 정으로 돌아와
주눅 들지 말고 맺힘이 없이
달빛 너울 바람에 구름 가듯
서성이는 기다림이어라.

갈바람 속에서

대화가 싫어
겁먹고 내달릴 적에
줄줄이 터진 괴성, 그건 던져진
숙명같이 질긴 생명의 끈
허겁지겁 달려온 인연속에서
춤사위 터진 소리

고샅에 부는 바람
시나브로 지는 달그림자의 여운과
시간 속에 숨겨진 참담한 언어들이
다른 길 찾아 합장하고
허공에 던져진 불빛 하나

시간을 나누워 쪼갠 생각의 나래
눈감으면 서서히 떠오른
그대 아쉬움과 그리움 사이
질긴 운명의 끄나풀 놀이로
쉰 바람 불어오는 버거운 거리로
길을 묻고 나선다.

삶의 뒤안길

산다는 것에 고마워하고
순간에 집착하지 말며
미움 없는 신뢰 속에
미련 없는 자유로 풀어라

바람이 흔적을 지우듯
세월은 모든 게 순간이다
해거름으로 오는 통증만큼
시린 삶의 무게

계절이 주는 권태로움에
어쩌지 못하는 심사
내면의 기다림이 소중하듯
참선으로 올곧게 그리는
믿음의 나래

다 거기서 거기인 걸
자연이 주는 섭리처럼
바람 불면 살가운 임이 되어
배려하는 참한 여분으로
정 그리며 살자.

겨울 산

앙상한 가지
헐벗은 망각의 여로 속으로
흘러만 가는 무념의 세월
누가 뭐래도 흔들림 없는
생명의 끈은 무한대로
살아 있음이다

산다는 바람처럼
가슴 아린 계절의 슬픔은
서로의 버팀목이 되어
감싸고 보살피는 자연의 섭리
마지막 한 잎 아낌없이 주고
홀연히 떠나는 마음

아-인생이여 닮고 싶다
무언의 교훈 속에
깊어가는 산의 찬란한
순환의 진리를

버리며 살아가기

갈증 난 바다
살다보면 햇빛 쏟아지는 밝은 날도
우중충 시야가 흐린 날도 있기 마련인데
가는 길 궁시렁거려 보았자 공허의 메아리
계절이 제 멋대로 가고 오는 것처럼
바람 부는 언덕에 나만이 죽살이 쳐본들
소용없는 인연의 나래들 아닌가.

그저 마음 흘러가듯 살다보면 더러는
고달픔이 내일은 풍성한 가을이 오듯
겸손하고 고요하게 즐거워 할 지어다

항상 검붉은 땅만 보지 말고 한번쯤
시원한 하늘 한번 힘차게 쳐다 볼 일이다.
세상 사는 일이 흐르기 싫어도 마냥
흘러야 하는 강물처럼 언제나
그냥 그대로인데 별 수 있나

아 덥다 더워 세상살이가
땡볕 일렁인 한나절처럼.

연꽃

청아한 자태
끈질긴 생명력
탁류를 헹구어 내고

내면으로 감추고 포용하는
고고한 여유와 풍요로움
밝고 맑은 빛을 향하여

다소곳이 미소 짓는
한 마음 순수의 극치
물이 정화 되듯이

온 누리에
세상과 삶의 정화가
연꽃처럼 피어 올라라

길 위에서

무한정
가고픈 서러운 기억
양지발 담벽 사이로
넘나든 새로운 길을 찾아
이정표 없이 떠나는
나그네 길

세상 이치가
산다는 길인데 갈 곳을
못 찾아 방황하는 인생
흘러가는 파도 마냥
되돌림 없이 한사코
가야 하는 길

바람이란다.
아련한 삶의 여정은
마음속에 찾지 못한 미로
세월 속에 수놓은 한 점
아늑한 길

뜸질하기

뜨거운 가슴이 좋다
순간집착은 마음에 달린 것
허기진 갈증으로 쌓인
삶의 무게만큼 닳아진 세월
살갗에 저려오는 통증

내면의 긍정은 희망으로
부정은 버리는 가슴으로
참선하며 살아가는 연유인데
자고새면 아려오는 허전함
메아리는 모르고 산다.

뒤늦은 인연
버려진 계절의 순환에도
새로운 꽃은 피고 지는 것
주저 말고 한시름 망각으로
뜨거운 기분 즐기며 살라

보살피는 일

한번쯤 관심 있게
손길을 줄라치면 문 틈사이
실핏줄 같은 빛살 하나로
질긴 생명력을 본다.

어쩌다 핀 선한 모습에
주체 못할 환한 미소가
순간에 번질 때 살아 숨쉬는
생명의 즐거움이다

풀 한 포기 한 그루 나무
호흡하는 생명체들이 서로
보살피고 감싸않은 은혜를
주고받고 즐기며 산다.

사는 게 빛이요 희망
존재 가치인데 서로 엉키여
포용하는 따스한 눈길이 진정
삶의 요람이요
찬란한 가치다.

행복이 따로 있나

동막골 노부부처럼
손수 밭 갈고 논 갈아
한 생을 살고지고
손주 녀석들 껴안고
오순도순 정이 묻어나는
살맛나는 세상

낮에 뜨는 해님처럼
밤에 빛나는 달님처럼
한 세상 흐르는 물처럼 살고파
돈이 많으면 못쓴단다.
돈이 없어야 편하단다.

순수한 있는 그대로
주름진 얼굴에 환한 미소가
하늘만큼 땅 만큼 값지고 즐거워
세상인심 사는 행복
즐거움을 안고 산 단다.

행복이 별거더냐
있으면 있고 없으면 없는 대로

〈

넘보지 말고 분수를 지키며
사는 것처럼 사는 거
이런 게 진정 행복이지

채석강 소견

운무 드리운 모랫길로
수평을 열어 불어오는 思惟
못 다한 책갈피를 뒤척이며
내일의 세상을 본다.

저문 하늘 강 위로
기쁨이 넘나든 풍요로움에
찰나에 여미는 생각들
찬연한 기다림으로
먼 날의 인연을 불러 온다

신록이 어우러진
자연의 아름다운 풍광
쉬어가는 길손들의 고향
바람과 술을 마신다.
굽이치는 파도를 마신다.

겸손한 삶을 살고지고
세상살이 더도 덜도 말고
오늘만 같아라
베푸는 후한 인심으로
그대여 성찰 하소서

밤꽃 피는 유월에

신록이 벗하고
눈부신 태양이 저만치서
목 타게 기다리는 언덕너머
여인의 향기처럼 언제나 유월은
못다 한 미련으로 남았다

밤꽃 피는 산야에서
조국을 위해 산화한
초록빛 이슬 같은 슬픈 청춘들
한 맺힌 메아리로 끝나지 않은
서러운 곡을 토한다.

피어라 훨훨
짙은 밤꽃 향기처럼
가슴 가슴에 지워지지 않고
타는 심지로 유월의 불꽃 되어
힘차게 피어올라라

수도꼭지

언제나 한마음으로
열고 닫고 지칠 줄 모르게
자신을 던지고 사는 생명줄
베풀며 소용하는 삶이여
맑고 고운 빛으로 흘러라

침전하는 가슴이듯
흐르는 정으로 인연이 되어
한 세상 목마른 갈증 씻기는
고유한 본연의 꿈은
인간사 고마운 꽃이다.

아침 이슬이 피면

지우다 만 흐릿한 불빛 지나
영롱한 아침 이슬 한 마당
벽면을 개고 앉아 슬금슬금
사라질 채비를 서두른다
도깨비 같은 바람 한 점 불어와
눈 흘기는 헛것이 보이고
죄지은 자만이 부산을 떠는
고샅길 파리 한 마리
고달픈 하늘을 연다.

디지털 시대가 세상을 변하게 한다고
시방 막 선잠을 깬 새댁이
저주스런 책갈피에 수다를 떨고
발효되지 않은 성숙된 생각들은
여기서 끝나지 않는단다.
낮은 곳으로 임 하소서
역사는 역사로 술래짓하며
질주하는 시공 속에서 제멋대로
최면을 건다.

사람 사는 것 이제

이게 사람 사는 것이여
어따 보드라고 잉 먼 말이여
조건 없이 시도 때도 없이
자신을 던져주고 사는
땅심처럼 살아있는 기억들로
자연이 주는 은혜로움을
배우며 가꾸며

구름 한 점 떠가는
살맛나는 내일을 기다리며
연신 갈증 난 허공을 향해
참말로 말이시 허벌나게
날이면 날마다 쉼 없이
긴 호흡을 토한당께로
삶이란 것이

삼복더위

이글거리는 땡볕 한나절
시원한 남풍이 불어오면
가던 길 멈추고 동구 밖
정자 그늘아래 쉬어가는
길손아

오늘이 복 이란다
쉬어가는 한량들이 즐기는
복이 아닌 구슬땀 허리잔등
문드러진 농심을 이고 선
우리들 고향 어매 아배들의
쉬어가는 삼복이란다.

몰라도 한참을 모르는 이녁아
허기진 육신을 달래 주던
터지는 복이라는데 어쩌자고
그대들 즐기는 복이더냐
참말로 요상 허다
시상은.

잡념의 단상

멋쩍은 생각들이
분수없이 화를 낼라치면
주체 못한 것이 생명의 덫이다
제멋대로 망상 같은
꿈을 피워 보았자 푼수 짓인데
속아 사는 게 인생이야

참한 내일이 될 거라고
합장의 기원을 해보지만
언제나 그냥 그대로 인걸
속상하고 고달픈 나날이여도
"이것 또한 지나가리라"
 순간을 견디며 사는 것이
즐거움이야

2

그리운 사람들

마음의 여로

산다는 게 고맙고
하늘 땅 바람 자연과 더불어
호흡하고 사랑하며 마음 줄
누군가 있다는 게
감사함이다.

흐르는 물처럼
베풀며 가는 순수하고 초연함
푸르른 들녘 정 그리운 동네
아련한 추억 속에
떠오르는 그림자

언제나 기다리는 마음
내가 있기에 볼 수 있고
누군가에게 하얀 미소를
줄 수 있다는 게
살아 있는 만큼 진정
고마움이여

그대가 그립다

오늘은 왠지
그대가 그립다.
찬연한 달빛 시린 가슴

스산한 바람결
모두가 떠나가 버린
허전한 빈-들녘처럼
아쉬운 기다림

오늘은 왠지
그대가 그립다.

팔순을 맞으며

허전하고 쓸쓸한 아쉬움이
가슴 시린 내 삶의 뒤안길에서
이제는 내 곁을 멀리 떠나 가버린
내자 생각에 한가로웠던 지난날
고희를 맞으며 썼던 시 한 수 다시
회상해 본다. 그 땐 그랬었는데

古稀를 맞으며
하늘 땅 끝이 없듯이
오붓하고 살가운 자식들
지금껏 한 세상 같이 살아온
사랑하는 내자 있기에 더없는
보람과 희망찬 내 삶의 흔적들
덧없이 멀어져간 세월이
아 이대로 좋은가 보다

삶의 한 귀퉁이
아쉬운 미련과 말 못할 서러움
가슴 언저리에 앙금으로 남지만
어쩌랴 살아온 시상인 걸
흐르는 세월에 씻겨 보내고

〈

고맙고 그리운 정
오늘이 즐거움이다.

꽃무릇

고즈넉한 산사
돌담 벽 사이 길로
어우러진 꽃무릇
세상 근심 걱정 없이
터질듯 부풀어 올랐다

기차 마을

억새꽃 코스모스
어우러진 들녘 산굽이 물길 따라
수줍은 가을 길을 헐벗은 레일위로
마구 달린다.

인연 따라 넘치는 포근한 정이
여울진 가슴 가슴에 묻어나고
파란 가을 하늘처럼 해맑은
손주 녀석들과 동심의 세계로
너나없이 한 둥우리 되어
흥겨운 기다림이 한데 모였다.

오랜만에 들어본 기적소리
자연이 주는 싱그런 고마움
사랑하는 가족이 주는 복된 순간
살맛나는 세상 즐거운 나들이
모두여 복 받으라
아 오늘은 세상 끝
넘치는 축복이다.

이게 인생이야

숲에 앉은
작은 새 한 마리
언제 날아갈지 모르는 것
그게 인생이란다.

어느 두메산골
긴-세월 살아온 노부부가
"사랑 하고 감사 합니다"
늘 안쓰러워 주고받은
정겨운 말 한마디

이해하고 양보하며
서로를 아끼고 살아 왔노라
이게 진정 사랑이야
참 인생이란다.

따뜻한 아랫목

마른 육신을 점지하고
시시각각 분출되는
하늬바람 같은 삶의 저항이
마음으로 밀려와
질시하는 계절 꽃을 피운다.

시골집 따슨 아랫목이
그리운 것은 질펀한 가난이
부뚜막 선 하품이어도
한기 서린 물레가 돌아가고
핏빛 세운 문풍지에 시름 낀
대화가 열리고

다소곳이 점쳐주는
아랫목 넘치는 정 만큼이나
넉살 좋은 저녁연기의 여운
나그네 꿈속 같은 고향길이라
대목장 시리고 쓰린 가슴이
눈 녹듯 스러지는 아랫목은
청춘의 살붙임이다.

산다는 의미

온 대지에
스스럼없이 넘나드는
자연의 숨소리를 들어 보렴
살아 있다는
살고 있다는
현실의 즐거움이
그 무엇에 비할 수
그 어느 것에 견줄 수 있으랴

신에게 감사하고
자신에게 감사하고
고마운 인연의 정으로
순간을 헛되이 넘보지 말며
너를 남용하지 말 지어다

사는 것에
살아있는 것에
하늘 땅 바다처럼
언제나 사랑하며
그리워 할 일이다

사랑한다는 것

하늘 한번 쳐다보자
둥둥 떠가는 구름을 보아라
여린 마음이다 가도 언제이듯
머물러 가는 게 순간이고 보면
한사코 붙잡지 못하는 편 편심이라
그저 흘러 가는대로 오가는 이치는
세상 살아있는 존재 가치여
시방 말이시 참말로
그게 사랑하는 것이여

그리운 사람들

그립다
소꿉놀이 하던 고샅
그 친구들 지금은 어디서
하얗게 가버린 세월
못 잊어 하겠지

희미한 기억들
저무는 노을처럼 이제는
얼마 남지 않았는데
자꾸만 서글퍼지는 외로움
그리워 보고픈 사람들

다 떠나가 버린
아련한 그리움들이
유년시절 손 놓아 감싸주던
어매의 간절한 정 그리움처럼
수시로 목말라 찾고 싶은
허전한 세월

그리운 사람들
다시 한 번 보고파

〈
아려오는 가슴인데
갈증 같은 무심한 세월만
속절없이 가는구나

내가 왜 이럴까

그냥 그대로
바람이 멋대로 불어가듯
허 허 웃으면 아무것 아닌데
슬프고 괴로워 힘들어도
오늘을 살고 있는 현실이
값지고 오진 삶인데

아무것도 아닌데
놀라서 지레 겁먹고
우울하며 서글퍼 하느냐
한 세상 참하게 사는 것
마음먹기인데 진정
내가 왜 이럴까

아름다운 하늘구름
푸른 바다 산천초목이
돌아가는 세상의 순리가
그대로인데 나만 왜 이럴까
모든 순간의 집착에서
버리면 그만인 것을

아카시아 그늘에서

동구 밖 샘터에
아련히 피어오른
아카시아 향내음이
잊혀진 그리움으로
옛일을 불러 모아 아쉬운
눈시울 여미게 한다.

고향
자꾸만 불러 봐도
아리고 허전한 메아리
입언저리에 맴도는 못다 한
갈증 같은 외로움이
삶의 무게로 덧없이 피인
서글픈 연륜 이려나

짙은 향만큼
가슴에 스며드는
지워지지 않는 기억들이
세월너머 회한의 미소로
온 누리에 퍼져가는
아카시아 향기여

푸른 숲에서

바람 불어와
흥겨운 풀벌레 소리
하늘 향한 부풀음으로
무딘 가슴을 펴고
푸른 숲 산길을 간다.

쉼이 있는 오솔길
어우러진 편백향에서
세월의 무게를 벗고
마음을 비울 수 있는
순간의 사유

내일의 약속
해맑은 손주들 미소로
푸른 날들이 피어나길
정으로 기원하는
가족 나들이

순천만에서

해무 드리운
갈대숲 사이로
자연이 살아 숨쉬는
갯벌 여울진 천혜의 땅
생명의 보고

하늘이
빚어낸 푸른 초원
바람 따라 생동하는
자연이 베풀어준 영원한
철새들의 낙원

기다림이 있는
나그네의 고향으로
피안의 안식처가 되어
삶의 터전을 일구고
힘찬 내일을 연다.

삶의 그늘

푸른 하늘이
높게만 보이는 것은
저 멀리 흘러가는 구름처럼
계절 따라 어디론가
가고픈 마음이다

흐르는 물처럼
살아온 날들의 사연은
가슴에 지우지 못한 상처를
한사코 버리지 못하는
시린 갈증 때문이다

시공 속에
꿈꾸며 사는 세상
속절없이 흐르는 세월 따라
사는 것처럼 사는 게
참 삶이여

세월의 통증

삭신이 저려오는
생전 어매의 통증처럼
온 마디가 쑤시고 아픈
철 지난 세월의 흔적들
뒤늦은 회한이 앞선다.

그땐 몰랐었는데
육신의 슬픈 고통을
이제 조금은 알 것 같아
세월의 뒤안길에 가슴시린
철없던 기억들

미처 못 다한
정 그리운 사연들이
시나브로 피어난 아쉬움에
저물어 가는 인생길
덧없는 세월이여

바람의 노래

시는 바람이다
무한정 가슴을 저미며
어디론가 흘러가는
한 점 연민의 노래

주는 만큼 베푸는
바람의 사유들이
줄지어 가는 낯설은
연분이다

그저 그러려니
유영하는 생각들이
무시로 오는 한풀이로
세월 사는 대화다

가을은 왔는데

계절은 저 만치서
신록을 타고 저물어 가는데
뒤늦은 바람 소리에
익어가는 줄도 모르고
어디론가 자꾸 흘러만 간다

못다한 세월의 뒤안길에
속절없이 떠나가려 하는지
초록빛 아름다움 감춰두고
영글은 예쁜 낙엽 한 잎
하얀 미소를 띄운다

찬연한 아침 이슬
성근진 계절의 순환 속에
못다 한 그리움을 수놓으며
깊어가는 가을 길 따라
기다리는 내일을 간다.

차 한 잔의 여유

한시름 달래며
비워가는 마음으로
넘나드는 푸른 초원에
시린 푸념들을 잠재우고
따스하게 피어오르는
고요한 그리움

잊어야한다
포근한 가슴으로
순간의 정 그리운 시간
차 한 잔의 여유로
찬연한 달빛 같은
마음의 여백(餘白)

너를 기다린다

흐르는 순리로
살아가는 노래를 찾아
세월을 넘기다 보면 더러
가당찮은 일들이 주어진
인연인 것을

산다는 게 뭔지
어디론가 멋대로 흘러가는
구름 같은 여분인데 어쩌랴
기다림은 그리움인데
참고 꿈을 피워라

바람 불어오듯
부대끼며 넘나드는 여정
저마다 타고난 업을 안고
한 세상 살아가야 할
숙명 이란다

3

향기는 너울을 타고

광한루에서

찬바람이 시샘하는
새봄의 문턱에서
광한루 잔디밭에 앉아
젊은 시절에 보았던 수많은
사연들을 그려 본다

바람처럼 가버린
세월의 기억들이 피어올라
퇴색 진 육신을 이끌고
먼 하늘을 보니 아쉬워
시려오는 가슴이 서럽다

삶의 무게만큼
가파른 인연의 끄나풀들
모든 게 있는 그대로인데
날로 지쳐가는 사념들이
못내 한스럽다

나그네

시름없이
어디론가 흘러가는
하늘 구름처럼 쉼 없이
바람 부는 대로 시린
세월을 간다

꿈도 아쉬워
달빛 차가운 서러움에
들녘을 서성거리는 여인아
살아갈 험난한 세상인심
자꾸 멀어져 가누나

물 위에
나뭇잎 두둥실 떠가듯
노 저어 고운 바람으로
한 세상 살고지고
그리운 이녁아

뒤늦은 후회

세월 가로질러
살아온 만큼 뒤돌아보는
마음의 여유로 세상사는 건데
바람처럼 흔적 없이 떠나가 버린
기억 저편 어릴 적 고향 친구들
저 먼-곳에 아니면 그 어디서
지금은 무얼 하며 저물고 있는지
뒤늦은 회한이 앞선다

아쉬움에 가슴 저미는
흘러 가버린 주름진 세월
무심하고 자만했던 일순간
참회하지 못한 서러운 기억들이
자꾸만 피어올라 번민하는
자신이 한스럽다

뒤돌아보며
후회한들 무엇 하랴만
애증 같은 가슴 시린 갈증은
자동차 떠난 뒤안길처럼 허전하다
철없던 그 시절 되돌릴 수 있다면

〈

지인들께 이제라도 못다 한
손길 한번 주고 싶다

산수유 마을

화사한 봄 나래
노오란 꽃길을 간다
형형색색 무리지어 어울린
환한 미소로 그리움 싣고
고샅길 따라 넘치는 정

마을 산야 온 천지에
마음껏 부풀은 신의 찬미
한껏 서러움도 미움도 없이
고운 인정으로 진 노랗게
불살라 피었다

샛노란 바람
시들지 않은 한 마음으로
초연하는 가슴에 손 모아
언제나 베풀음으로 오지게
피어난 밝은 세상

그림자

언제부턴가
가슴에 지우지 못 할
그림자 하나 살고 있다

비바람 불어도
지워지지 않고 버리지 못해
안간힘 쓰며 세월 괴롭히는
육신의 뿌리인가

흐르는 강물이듯
체념하며 한 세상 사는
어쩌랴 하늘이여
어디론가 가고픈데
못 버린 그림자 하나

그 곳에 가면

스산한 바람 불어와
그곳에 가면 못내 그리운
손때 묻은 임의 흔적들이
허공을 맴돌고 허허 빈터에
애잔한 풀숲만 무성하다

덧없이 흘러간 세월
불러도 대답 없는 메아리로
연이어 넘치는 서러움이
퇴색 진 멍울로 아롱진
가슴앓이인가

저무는 뒤안길에
어디론가 떠나고 싶고
아쉬워 보고픈 미련을 새겨
누군가와 한번쯤 서럽게
울고만 싶다

들꽃의 향연

탐스럽게 영글어 가는
파란 하늘 해맑은 자연의 미소가
온 들녘에 끈질긴 생명력으로
풍요로운 맺힘이 되어 성근지게
익어 가는 색채의 파노라마

쉬어가는 바람 소리
넘치는 고요 속에 가슴 시린
가을이 오면 기다려지는 연유
못내 그리워 서글퍼지는 아쉬움과
누군가에게 주고 싶은 못다한
인연의 나래들

포근한 사랑 노래로
애타게 찾고 싶은 정 그리운 사연
울고 싶도록 이슬 맺은 눈망울
아련한 노을빛으로 전해오는
수줍은 기다림이 언제나
피어나고 있었다.

물리 치료실

하늘을 본다
헐벗은 침대 난간에 얼룩진
구름 같은 형체의 드라마
어깨 무릎 팔 다리 허리야
욱신거린 통증을 저당 잡힌
시원한 바람이 분다

남루하게 보낸 여정
무거운 일상을 씻겨 보내고
밤낮없이 자기최면 속에 지샌
가녀린 소쩍새가 슬피 운다
주름진 검버섯 위에 맺힌
저무는 황혼길

인생은 꿈이라고
멀어져간 세월의 뒤안길에
안개처럼 무시로 피어오른
아픔도 괴로움도 저만치
오래도록 머물고 싶다
수줍은 육신아

세상 사는 일

쉬운 일 어디 있으랴
사는 게 다 괴로움인데
무성히 자란 꽃과 나무도
튼실한 열매를 맺기 까지는
혹한과 쓰린 고난 이겨내고
한 생을 사는 건데

그저 얻는 게 아니고
끈질긴 용기와 집념의 세월
살아가는 이력들이고 보면
세상사 그저 되는 게 없듯이
시나브로 물 흐르듯 사노라면
그리운 날 있으리니

행여
헛맹세 거짓부리로
인생 치부하며 사는 철없는
위선의 나부랭이 이녁네들
사는 세상 각성 할지어다
어디로 가고 있는지 한번쯤
뒤돌아 볼 일이여

인연을 붙잡고

무슨 수로 말을 할까
헤어나지 못한 인연을 붙잡고
지하에서 지상으로 바람 불어라
감당치 못한 술버릇처럼 한사코
가슴속 풀피리를 불러보았자
소용없는 몸부림이다.

삶은 허무의 그림자
잡초 같은 끈질긴 생이지만
그래도 저마다 타고난 팔자여
속고 사는 세상살이 파도치듯
마음의 집착은 버리고 비워라
사노라면 그게 길인 것을

어디 인연이 따로 있나
마음이 고우면 평화로움인데
꽃향기 피어나는 바램으로
못내 기다리는 아쉬움처럼
그래도 세상은
한번쯤 살만한 것이여

양지 밭에서

아련히 피어오른
나른한 봄날의 기다림
고향집 돌담길 돌아서 가면
어딘가에 아쉬운 그리움이
들녘에 번지는 꽃향기처럼
가슴에 밀려온다.

넘치는 인정들로
피우지 못한 기원의 한
가버린 내 유년의 흔적 속에
주저앉은 저 무딘 영혼아
못다 이룬 유랑의 꿈일랑
이제는 잊어야지

햇살 한 줌 기다리는
언제나 푸르른 산야가 되어
이름없이 피었다 지는
지천에 깔린 들꽃들 같이
한 세상 훨훨 나들이 가며
바람으로 살고 싶다

속단하지 마라

슬프다고 말하지 마라
다 거기서 거기 한 연유인데
저만의 슬픔이라고 서러워마라
살아가는 한판 푸닥거리인데
물보라를 보며 무지개를 그리는
시원한 나들이여

흩날리는 벚꽃 향연에
세상천지가 하얀 마음으로
온 누리가 요지경속인데
누가 서러워 울어야 하나
돌아가는 풍선이 하늘을 날고
가자 인간의 늪으로

오늘은 웃어라 바보같이
내일은 비가 쏟아지도록 울어라
나름대로 쉬어가는 나그네 길
순리로 돌고 도는 인간사인데
푸념 같은 한숨이여 언제나
잊어라 서러운 봄을

그 어떤 죽음

희한하다
엊그제 같은데 그 소탈한 웃음
모두를 사돈이라 부른 친구야
살려고 발버둥 쳤는데
하루걸러 투석으로
간신히 버텨온 생명인데
회복하지 못하고 머나먼 길을
말없이 가다니

영안실에서 본 영정은
화색이 참 좋더구나
언제나 밝은 웃음 그대로였는데
모든 이들에게 아쉬움 주고
멀리 떠나갔구나
그곳에서 편안히 쉬게나

팔순 까지는 살아야 한다고
울부짖었는데 이게 어인 일이냐
잘 가오 하늘나라에서
아픈 통증 다 잊어버리고
훨훨 영민 하게나 못 잊을
무정한 친구야

회한의 눈물

어눌한 세상
한없는 울분과 서러움으로
뒤늦은 후회와 아쉬움으로
가슴 깊이 묻고 살아야할
회한의 눈물

못다한 뉘우침에
부르지 못한 그리움으로
잔인한 달 사월을 못 잊어
피맺힌 슬픔을 되돌아보고
일그러진 너를 속죄하며

피지 못한
가녀린 꽃다운 어린 생명들
못다 핀 넋을 기리며 모두가
진정어린 참회로 사람다운
기도를 드리자

생명의 터전

신뢰하고 거짓 없이
청초한 풀잎 이슬 기다리며
꽃이 피어나듯 초연하게
생명의 터전을 가꾸는
자연의 순리로

사람 사는 세상
사람 냄새가 나는
순수한 가슴으로 살고 싶어
세상 속으로 바라만 보지 말고
달려 나아가보자

너를 생각하고
이녁을 뒤돌아보는
서로가 베푸는 여유로움에
세상 별거더냐 한빛 사랑으로
한 세월 살고지고

고구마

옛날은 그게 아닌데
지금은 모두가 좋아하는 너
신간지기 텃밭 황토비알에
비오는 날이면 원수 척 같이
한 줄기 줄기 고구마 심던 날

유년의 그때가 싫도록
아련히 떠오르는 그 시절
온 식구들의 주식인 고구마
지금은 선호하는 건강식품인데
하-세월 변함이여

한 겨울 점심때면
살가운 햇살아래 온 식구
마루에 앉아 끼니를 때우던
그 시절은 신물 나게 싫었는데
변한 세상이 입맛도 변한기여

흘러가버린 옛날
할매 하내가 이 시절을 본다면
별천지라고 하얀 웃음 지을거나

〈
배고픈 그 시절 눈물 나는
그리운 고구마여

노을빛 가슴에 앉고

바람 불어오는
구름너머에 환상의 무지개
돌고 도는 계절의 순환 속에
저물어가는 꿈을 수놓고
먼-해안선을 그려본다.

빛과 그림자
지루한 인생여정에
쉬어가는 날도 있으련만
해거름으로 오는 고단함처럼
뒤돌아보는 여유도 없이
발버둥친 삶의 뒤안길

여분을 찾아
넘어져도 체념하지 말고
무시로 찾아오는 꿈일랑 접어
성근지게 기다리는 내일로
그대여 서두르지 말고
쉬엄쉬엄 가자구나

세상이 뭔지 모르고

세상 보는 눈이 멀어
보고도 어디에 무엇인지 모르고
때로는 보는 것을 놓여버릴 때가있다
한계점에 달하면 꽃피워 열매를 맺듯
다 시기가 있는 건데 마구잡이로
그저 뛰어 가고픈 속셈은
자신도 모르고 산다.

그게 아닌데
가꾸고 보듬고 살피고
어느 한 점 놓아줄 줄도 알아야한다
마구 가는 게 좋은 것처럼
세월 가기 전에는
젊음은 이녁을 모르고 산다.

그게 도리요 진리인 양
허세를 떨면서 온갖 위선과 자만
한껏 남을 배려 할 줄도 모르고
지만 잘난 줄 아는 병 아닌 병을
하염없이 키우고 산다.
자신이여 때로는 한번쯤 뒤돌아
각성 할지어다.

향기는 너울을 타고

시샘하며 무시로
번져오는 향긋한 계절의 내음
온 누리에 하얀 너울을 타고
바람에 구름 가듯 멀어져간
먼- 하늘을 본다.

어디서 오는 건지
온 들녘에 퍼지는 향기처럼
진정 거짓 없는 사랑의 집념으로
누군가에게 감싸주고픈 마음
향긋한 풀꽃마냥 아낌없이
웃음 짓는 환한 세상으로

가자 수줍은 마음
가슴 트인 자연의 섭리로
산과 바다 하늘 끝 어디고
미움 없는 그리운 마음으로
연이나 베푸는 고운 정으로
웃고 가자

발길에 채인 돌이라면

참말로 슬픔이여
괴로운 가슴을 누가 알랴
그래도 시간은 어김없이 가는데
푸른 시야가 점점이 흐려져도
누구 탓이 아닌 저마다 제각기
타고난 숙명인 걸

무심결에 버린 인연이라면
세상살이 체념하듯 잊고나 살 걸
철 지난 겉옷처럼 볼품없는 멋일랑
바람 따라 허공 속으로 배 띄워
가슴앓이 속 태우지 말고
참회하는 마음으로

한 매듭 풀어 시름 달래며
돌이 된 것을 한탄하지 말고
세상살이 진인사 대천명이라고
누구는 그랬지 한사코 겪어야 할
저 나름의 몫인 걸 어쩌랴
모름지기 참고 기다려야지

4

풀꽃 같은 마음으로

하늘 우러러 한 점

늘 외로워 보이고
한정된 터전 속에 시름없이
세월 살다 가신 순수한 모습이
두고 온 산야처럼 못내 아쉬운
마음 그늘 이었다

흐르는 한잔 술에
미소 짓는 미움 없는 세월
늘 가식 없고 구김이 없었던
선한 모습 그대로 살아 숨 쉬는
파란 하늘이었다

생전에 못다한 그리움
메아리로 불러보는 아버지
샘솟는 뒤늦은 번민과 후회로
가슴 저미는 아쉬운 미련에
꿈에라도 한번 뵙고 싶다

마음 밭을 갈고 닦아

비겁하지 마라
너만 잘나고 이건 아니라고
함부로 비겁하지 마라
계절이 오는 것처럼 때가 되면
속절없이 찾아오는 삶의 순리는
지루하지도 교만 하지도 않고
물이 흐르듯 자연 그대로 쉼 없이
가고 오는 이치가 언제나 너에게
비겁하지 마라 교훈을 준다.

자학의 변

꽃은 만인의 빛
희망이요 찬란한 생명인데
곱지 않은 꽃이면 어떠랴
마음 편히 보는 것만으로도
즐거움이고 고마움인데

세상 살면서 그 누구에게
기쁨 한 번 주어본 적 없는
내가 누군지 자신도 모르면서
매사에 시시비비 가리는 나는
누구를 위한 삶인가

창을 열고 푸른 들녘 보며
바람의 구름처럼 흘러가보자
무얼 바라고 무얼 기다리는지
합장하며 진실 되게 살가운
소리 한번 질러보자

나 진정 살아있네...

가을 햇살 한줌 앉고

깊어가는 가을
사랑과 베풂음으로
누구나 풍성한 가슴 안고
보고도 또 보고픈 눈빛 하나
하얗게 여울진 갈대 숲 사이로
소슬 바람 불어와

소담스런 꿈을 안고
못내 아쉬운 기다림에 지쳐
먼- 길 떠나는 길손처럼
아련히 피어오른 환한 미소에
심신을 풀어주는 고향 같은
전원의 들녘

가을이 주는
고마운 그리움이다
휘파람 불며 아늑한 마음으로
하루의 즐거움 찾아 떠나는
이 가을은 정말로 기다리는
온 세상 별천지다

갈대의 노래

바람결에 흐느끼는
하늘 향한 푸른 청춘이여
넘실대는 고운 무늬로
쏟아지는 별빛을 향하여
하루의 벅찬 삶이
고요를 부른다.

때론 슬픔이다가도
비바람 치는 언덕 너머
시린 아픔을 뒤로 하고
푸른 계절을 넘나드는
미움의 세월도 지새운
고달픈 나날들

순간이 지나면
여명의 아침이 밝아오듯
찬란한 은빛 여울이
대지를 수놓을 때면
아- 그때가 그리워지는
환희의 불꽃이여

누가 누구를 탓하랴

혼자 있는 내가
바보같이 울어야 한다면
하늘의 별을 보고
한번쯤 소리쳐
웃어볼 일이다.

탓하기 전에
누군가를 바라보며
기쁜 눈웃음 줄 것인가
세상 값어치를 한번쯤
반추하는 인연

모른다 몰라
어느게 사는 방식인지
남의 탓하고 살아가는
그저 철부지 속임수 같은
군상들의 삶이 어찌
너와 나 뿐이랴

지팡이의 변

바람에 흔들린다
허공속에 드리운 무지개
밤새 보채인 눈빛을 안고
모자란 듯 그리운 듯
하염없는 눈물 흐른다

뒤돌아 서야지
메마른 입술로 채근하며
돌담길 아스라이 껴안고
하늘 바라보는 철없는 사공아
허둥지둥 길을 열어라

눈을 돌이켜
바라만 보지 말고 언덕배기
넘나드는 분수령으로
쉬어빠진 비탈길 눈여겨 가야지
세상사는 이치가 다 그런걸
어쩌랴 이녁아

살다보면 그리워지는 것을

세상살이 힘들고 괴로워도
살다보면 그리워지는 것을
다 그렇고 그런 게 인생인데
잘 살면 어떻고 못 살면 어떠랴
거기서 거기인데

오늘이 있다는 게
즐거움이요 기쁨인데
내일은 내일에서 찾아라
그리고 오늘은 지금에서 즐겨라
모든게 한순간 지나고 나면
아무것도 아닌데

왜 그토록
발버둥 치며 사는지
모든 게 일순간 지나고 나면
순리대로 되는 게 인생살이인데
아-오늘은 웃자 웃어
내 자신을 사랑하면서……

생각의 나래

이슬 맺은 풀잎처럼
마음에 내리는 비를 맞으며
버리며 비워가는 가슴으로
버거운 세월의 무게를 안고
흘러만 간다

어디서 와서
어디로 가는지 모르지만
언제고 가야만 할 길이기에
하늘빛 맑은 꿈을 그리며
후회없는 믿음 속에
길을 가리라

고운 세상 벙근 미소에
누군가를 미워하지 않고
뒤안길 서성이는 기다림처럼
서러움 없이 하염없는
길, 길을 가리라

찔레꽃

바람 따라
개울가에 지천으로 핀
하얀 찔레꽃
여린 마음으로

순수하게
버리고 비우면서
세상 모든 것 있는 그대로
아낌없이 주고 사는
인연을 배워

가슴 언저리에
꽃잎 먹던 유년의 꿈이
하얀 밀어로 언제나
그리움만 남는다.

지게의 예찬

네이놈
자고새면
내 등허리에 빌붙어
업어주라고 보채이는 놈
바지게 작대기로 호되게
지게를 후려치는

생전
장인어른의
힘들었던 취중 진담이
내자는 그 시절이
선하게
새삼 그립단다

시상이 요상허시

멋이기
그게 말이시
거시기 놈들은 즈그들 맴대로
용천지랄빙 다 허고 삼시롱
이녘들 보고 시상
바르게 살라고 호들갑 떠는
꼬락서니 참 시상이 요상허시
어쩐당가, 그려

하늘빛 고운 눈으로

아무 생각 없이
바라만 보는 그리움은
그리움이 아니다

기다리는 마음으로
흐르는 물 같이 변함없는
자연의 섭리는

하늘 구름처럼 온 누리에
베풀며 가는 순리가
세상사는 이치라

비우는 가슴으로
삶의 여백을 채워주는
마음의 샘터여

성묘길에서

조상님 음덕에
나 오늘 여기 있었네.

풀숲 우거진 샛길 따라
찾아가는 성묘길이 올해는
유난히 힘들고 버거워진다
예년 보다 달라진 육신의 균형이
벌써 언제 지나가 버린 흐름이였나
세월의 강을 따라 멀어져간 시간이
한없이 처연하고 야속하기만 한
삶의 뒤안길에 시린 가슴
서글퍼 눈물이 난다

순리의 辯

마음을 여는 아침에
창밖의 찬연한 바람처럼
세상이 맑은 빛 그리움으로
누군가를 사랑 할 수 있다면
바라는 기름진 삶이겠지

때로는 인생길에
자신의 의지로는 어쩌지 못하는
굴곡진 매듭이 겹치다 보면
방황하는 삶을 순리로 풀어가는
지혜가 필요하기 마련인데

흐르는 물처럼 주어진 여건에
잘 대처 하고픈 마음의 여백이
누구나 가슴속에 희구하는
살아 숨 쉬는 바램과 기원은
오직 기다림이다.

비탈길 돌고 돌아

오르막 내리막
가파른 비탈길에 핀 하얀 민들레
굽이굽이 돌고 돌아 살아온 날이
후회와 번민 속에 아쉬운 미련이
어찌 쉽게 오른 바른길만 있으랴
기다리며 쉬어가는 게 인생인데

험준한 오솔길 지나고 보면
아무것도 아닌데 순간을 비우지 못해
방황 속에 체념하는 그대가 아닌
살가운 내가 되어 사랑의 마음으로
내일을 향해 가파른 비탈길
싸목싸목 돌아서 가자.

풀꽃 같은 마음으로

저마다 살맛나는 세상
헐벗은 가면은 벗어 던지고
거짓 오만을 부셔버리는
자기반성쯤은 갖고 살아야
시방 세상은 제도가 아니라
사람이 문제여

순리적인 사고로
서로가 배려하는 마음속에
위선과 시기 멸시는 미련 없이
지워버리는 삶의 지혜가
진정으로 우리들 가슴속에
필요한 세상이여

화사한 풀꽃처럼
조건 없이 만인의 가슴에
희망과 용기를 심어주는 그런
날들이 늘 함께 있어 주었음
바라는 간절한 소망을
기원해 본다.

저-하늘에 형상의 빛이

붉게 타는 노을빛 따라
흐르는 구름 속 하얀 물결 위에
펼쳐지는 찬연한 형상의 빛
생전에 모습인 양 내 할매 어매의
구름상이 홀연히 나타났다
아스라이 사라져 간다

못다한 아쉬움인데
시린 겨울 하늘 뭉게구름 사이로
살아있듯 소생하는 환한 영상은
마법 속에 펼쳐진 꿈이요
살아있는 희망이었다.

행복한 기다림이여
이 순간만은 깨지 않은 꿈이라면
생시에 본 것처럼 영롱한 자태
오래 오래 머물고 싶은 찬란한
나만의 그리움 이였다.

길손 이고파

흐드러지게 핀
오색 찬연한 들꽃의 향연 속에
덧없이 피어오른 하늘 구름같이
너와 나의 그리운 마음을 싣고
가슴에 벙그는 하얀 미소로
사랑의 메아리를 찾아 어디론가
떠나고픈 나그네 길

돌아보는 여유

어쩐당가 이놈의 시상
돌아가는 판 속 좀 보게나
즈그덜 맴대로 이러쿵 저러쿵
지들만 옳고 남은 싹 뭉개버린 거시기
대명천지에 아따 하늘이 무섭지 않당가
육시럴 인간의 탈을 쓴 잘난 위선자들
참말로 시상이 어쩌려고 이런당가
이녁들 지발 이제라도 한번쯤
자숙하고 뒤돌아 보랑깨로

5

가슴에 번지는 미련

길을 열어라

바람이 멋대로 불어오듯
물이 거침없이 흘러가듯
세상사 뜻대로 마음대로
이뤄지는 일은 없듯이
이게 인생이려니

지분수를 알고
순리대로 살아야 할 연유는
세상사는 인간의 도리이며
삶의 귀감이려니
가슴으로 느끼면서

자신만을 위하는
어리석은 마음의 동요는
겸허히 접어두고 못다 핀
나만의 꽃을 향하여
남은 길을 가리라

자기성찰의 믿음으로

물밀듯 밀려오는 거친 세파에
빼앗긴 마음속 서툰 손놀림으로
하늘을 응시하는 철부지로 남아
못된 버릇 같은 빈 언약은 가라
촉촉이 젖은 이슬을 벗 삼아
시류를 즐긴 덜 삭힌 사람아

무얼 바라며 어딜 가느냐
세상이 오염되어 문드러진 저변에
지난날로 거슬러 올라가 보면
그래도 살아야 하는 절박한 이유가
아무것도 아닌 것처럼 연이어
그대들의 가슴엔 있었네

평범한 자만이 자신을 지키고
여린 삶을 호흡하며 마음에 담은
실핏줄 같은 희망을 간직하는
헐벗지 않은 육신의 뿌리가 되어
시나브로 흙의 고마움을 터득하며
인간지사 사는 거란다

숲속의 연가

푸른 숲 우거진 산야에서
자연으로 오는 찬란한 기를 받아
살아 숨 쉬는 무수한 생명체들이
상생하며 감싸 안은 숨결들로
마음의 평화를 이루고

흙냄새 포근히 번지는
살가운 바람 따라 넘쳐나는
자연 치유의 기대는 바램으로
마음과 육신을 달래는 영원한
길손들 안식의 샘터다

구름도 쉬어가는 산모롱이
생기 찾은 여유로운 가슴에
늘 감싸고 배려하는 인연으로
숲속 길 고요 속에 꿈을 피우며
새로운 내일을 연다

흔들림의 사유

누가 뭐래도
너 스스로 흔들리지 마라
바람도 부딪칠 언덕이 있어야
사유의 뿌리를 찾아 언제고
마음에 담아 흔들리는 것

자기 혼자서는
아무것도 어쩌지 못하는
자연 섭리의 이치이고 보면
위선 같은 껍질은 벗어던지고
인연의 삶에 의존하는 것

오직 지켜주는 상대가
버팀목이 되어주는 기대로
인생살이 구심점 역할은 서로
물리고 물리는 회전 공간에서
부딪치는 순간의 찰나여

호들갑 떨지 마라

비굴하지 마라
성난 화풀이 하지마라

넘겨보는 슬픈 곡조로
타오르는 벽면을 향하여
숱한 물거품을 토해내는
밤의 불빛처럼

언제고
눈부시도록 가야만 하는
여린 이슬 여울처럼
소리 없는 슬픈 노래여

물밀듯 파도치는 광장으로
눈여겨 가보자

슬픔은 말하지 마라
그리움도 말하지 마라
지우지 못 할 쓰린 상처로
웃는 그대는 누구인가

〈

가슴에 그리운 정 하나 두고
아늑히 사랑하고 싶다

순수의 빛깔을 따라

자아실현을 위해 순례의 길을 가듯
언제나 역사는 거슬러 올라가는
벽면의 그림자처럼 누구나 뒤돌아
보기 싫어도 가야만하는 비탈길 인 것을
한사코 자기 최면 속에 아집을 피우며
한 세상 수수께끼 같은 인생 여정을
무한정 가는 게 살아온 흔적이리라
산다는 것이 즐거움이요 고행인 것은
바람 같은 순수함 때문이야

연이나 버리지 못하고 염원하는
삶의 방식은 성찰의 기도를 갈구하는
모든 게 주체 못 할 이기심 때문이야
함부로 정도를 넘어 과욕 부리지마라
삶의 바램은 훈훈하게 불어오는 살갑고
윤슬처럼 초롱초롱 빛나는 바람인데
너는 누구며 나는 어떤 바람일까
한번쯤 뒤돌아 볼일이다

생각 좀 해보게나

물에 물탄 듯 술에 술탄 듯
뒤죽박죽 사는 세월도 한 인생인 걸
무엇이 그리 슬프고 고달퍼 한당가
모든 것은 내가 보는 대로만 보인다네
다 지나고 나면 거기서 거기인 걸
그저 그러려니 하고 한세상 사는 거라네
뭐가 그리도 잘났다고 제 세상인 양
우쭐대는 그 심사는 언제까지
기고만장하게 갈건 데 제기랄 한번쯤
생각해보게 너는 누구인가

가슴에 번지는 미련

화사한 봄날 고운 미소에
꽃샘처럼 설레이는 마음으로
자연이 주는 인정의 샘터에
넘치는 베풂음과 그리움 찾아
언제나 주고픈 기다림이 되어
합장하며 사는 거란다

이어지는 계절의 순환처럼
맑고 청초한 푸른 시절 지나
곱고 찬란하게 물든 산야 같이
아쉬운 미련 가슴에 두지 말고
자연의 순리로 생을 살고지고
바램은 언제나 찾아오는 것

내 것처럼 보아라

마음으로 보아라
웃으면서 보아라
눈여겨 보아라

보이는 것은 모든 게
마음먹기에 달렸다

좋은 것도
싫은 것도
가슴으로 보아라
안으로만 보아라

언제인가는
모든 게 내 것처럼
좋게만 보인다.

나루터에서

잘 있오 잘 가소
석별의 정을 나누던
못내 아쉬운 나루터

모락모락 피어나는
가슴에 여울지는
먼 날의 그리운 추억들

오늘은 떠나야 하고
값진 내일을 기다리며
마음 저미는 깊은 사연들

언제나 잊지 않고
기다리며 반겨주는
그 날을 고대하며

삶의 애환이 담긴
긴 여로의 숙명 길
보내며 설은 눈물 짓는다

화분들의 속삭임

파란 물줄기를 기다리는
목마른 닷새만의 긴 여정
동면에서 깨어난 개구리처럼
기쁨 속에 기대하는 희망을 안고
피우지 못한 꽃을 향하여
갈증 난 보채임으로 언제나
수줍은 듯 버티며 산다

햇빛이 없는 공간에서
굴곡진 삶을 사는 나날들로
바람에 흐른 빛의 냄새를 맡고
끝없이 주어진 생활여건에서
새 생명을 잉태하는 기다림으로
희망을 노래한다

언제일까 환한 내일을 향하여
푸른 싹을 틔우는 거룩한 순간은
기쁨이여라 아니 슬픔이어라
너도 똑 같다 빛을 보지 못하는
처절한 슬픔은 타고난 숙명인 걸
세상 모든 삶이 다를 바 없는
어쩌랴 다 그런 거란다

살구꽃 피는 마을

참 많이도 변한 세상
오십 년 전 먹었던 살구맛을
우연한 기회에 다시금 음미해 본다
서울에서 여수까지 무전여행 할 때
배고파 충청도 어느 시골 동네에서
주인 몰래 돌팔매질로 흔들어
길에서 주워 먹고 허기를 달랬던
새콤달콤하던 살구맛
새삼 그리워진다

그 시절은 살구도 많았는데
지금은 보기 힘든 노란 살구를
접하고 보니 주마등처럼 지난
세월의 뒤안길에 아련한 추억은
못다 한 아쉬운 미련인가
새록새록 피어나는 유년의 꿈에
저물어간 청춘이 그립고
못내 서럽다

꽃 피우는 들풀아

아파트 창틀
시멘트 바닥 틈새에서
비집고 나온 질긴 생명력
폭염 속 가뭄에도 아랑곳없이
바람 이슬 맞으며
귀한 생을 버팀인가

기적 같은
생명줄을 모질고 끈질지게
인고의 정으로 견뎌온 들풀아
지칠 줄 모르고 하루가 다르게
커가는 키 재기 눈높이

쭉쭉 뻗어가는 힘은
어디서 오는 건가
희생으로 버텨나는 고된 숨결
찬란한 너의 목마름에
산다는 집념의 갈증으로
꽃 피우는 끈기 부럽다.

사랑의 미로

하늘빛 고운 눈으로
누군가를 기다리는 마음은
설레는 기쁨이요
하얀 미소다.

가파른 삶의 뒤안길에
위안을 찾아 염원하는 그리움은
누구나 꿈꾸는 희망이려니
사랑하며 살지어다

지나고 나면 허무한 것을
이제가 믿음이요 바램이려니
서로가 신뢰하고 배려하며
가슴으로 살리라.

계절의 순환 속에

한껏 부풀은 미소에
봄날 여린 속잎 피어나듯
포근히 젖어든 가슴으로
따사로운 양지 발 그리워
체념한 채 바라본 하늘

깊어가는 푸른 산야
고된 물줄기를 갈구하는
바람을 잉태하고 온 천지에
희망을 쏟으며 무시로
집착하는 찰나의 순간들

어디론가 떠나고 싶은
나그네의 깊어가는 수심에
허전한 명세가 빈터에 머물고
가슴 저미도록 그리워지는
계절은 순환의 이정표다.

빛과 그림자

길을 두고 찾지 못하는
고달프고 시린 가슴을 본다
생각의 흐름을 달래주는
산다는 자유는
감성의 바람이다.

잡지 못하고
순간에 따라 변화하는
빛과 그림자처럼 넘나드는
끄나풀로 시린 바람 날리며
순간을 점지 한다

꽃이 소리 없이 피듯
흔들리는 바람결 기다리며
꾸밈없는 환상에서 벗어나
참한 여백이 되어 하얀
그리움으로 살고 싶다.

아내의 병상일기

숨 막히는 절규
불안한 하루하루를
병상에 기댄 처연한 가슴
어쩌면 좋은가
초조와 고뇌 속에 갈증 난
심정을 이녁은 모른다.

하늘이여 도와 주소서
보살펴 주소서 측은하게
기다리는 조바심은 제발이지
나무에 새순 돋고 꽃이 피듯
기적 같은 하루가 열리기를
기원해 본다.

단 하루만이라도
내 곁에 한 침대에서 밤을
지새울 수 있다면 뒤 늦은 후회
못내 아쉬움에 떨어 본다.

화원의 햇살

포근한 마음깃이
가슴으로 스미는 화원에
넘실대는 봄날의 따슨 햇살
그대에게 아낌없이 주고픈
기쁨이며 그리움이다

겨우내 얼어붙은
차가운 시선 감추고 새로운
생명으로 다시 태어난
고운 손 진정 갖고 싶은
기다림과 사랑의 힘이다

언제나 잊지 않고
변함없는 자연의 이치는
무한한 인내와 생성을 향한
순수한 사랑을 심어주고
베푸는 삶의 안식처다

그리움의 나래

스산한 바람이 분다
저물어 가는 석양빛 노을을 타고
들녘에 여울지는 아련한 미소
어딘가에 두고 온 그리움 찾아
무한정 어디론가 떠나고 싶다.

사랑하는 그대 보고 싶어
오늘도 시름없이 먼 산 바라보며
서성이는 허무한 그림자 찾아
빈자리 시린 가슴 어루만지며
깊어가는 가을을 간다.

하얀 길이 있다

세상 살아온 연륜 속에
하얀 머리
하얀 노래
누구나 범접하지 못하는
하얀 길이 있다

미처 베풀지 못한
하얀 마음이 아직도
가슴 어딘가에 남아있다
하얗게
하얗게

언젠가는 가야 할
길목에서
못다 한 미련에
하얀 눈웃음을 지어 본다.

돌산 갓김치

시큼새큼
톡 쏘는 알싸하고
달콤한 돌산 갓김치

여수의 맛
고요하고 정겨운
어머니의 맛

해풍에 씻기운
강인한 자태
바람을 안고
바다를 향한
향수를 느끼는

그대는 영원한 맛
쉼 없이
여수를 노래한다.

그게 뭐 별거더냐

산다는 것이
누가 뭐래도 그리움이다
어떻게 사느냐가 아닌
그저 사는 게 그리움이다

저마다 자신도 모르는
기억들을 안고 살지만
그래도 산다는 것은 언제나
아름다운 그리움이다

왜 사느냐고
누가 묻거들랑 사는 게
좋아서 산다고 일러두자
그게 뭐 별거더냐

아쉬움은 언제나

떠나고 난 빈자리가
허허 벌판처럼 가늠할 수 없는
경직된 미로
물밀 듯 밀려오는
허탈감이 가슴을 죄여온다

허무한 그림자
그런 날들이 미련으로 남아
감수 못할 속된 인연 속에
이제는 지우지 못할 흔적들로
고요가 설움을 채운다

이별은 슬픔인 걸
서러운 마음 못 잊을 그리움
망각의 여로에 띄워 보내고
사랑하는 마음으로
덧없이 굽어 살피소서

별빛의 여운 속에

서녘 하늘 짙게 물든
유난히 반짝이는 별 하나
하얀 무리가 하늘을 수놓고
차가운 달빛 어림에
무수한 색채를 발한다.

어디서 오는 줄기인가
온 대지를 휘감아 도는
푸른 생명력이 꿈을 이뤄
허구한 미련은 벗어 던지고
신명나게 바라는 미래로

염원하는 진한 목마름에
항상 기도하는 마음으로
살아온 이력을 가슴에 새겨
참신한 내일을 갈구하는
이정표를 그려본다.

|해설|

존재방식의 탐구와 성찰의 미학

-지한주 시집 『가슴에 번지는 미련』

강 경 호
(시인, 문학평론가)

1.

시는 인간의 삶에서 마주치는 다양한 정서적 사건을 통해 시인의 감정을 언어로 형상화시킨 예술장르이다. 사람마다 사는 방식이 다르고 살아가는 환경이 다르기 때문에 여기에서 파생되는 감정의 결이 다르다. 더불어 시인마다 말하는 방식 또한 다르기 때문에 하나의 정서적 사건에 대해 다른 모습을 보이는 것은 당연하다. 또한 젊은 시절과 나이 들어서의 감정과 표현방식도 다를 수밖에 없다.

지한주 시인 역시 지금까지 수많은 시집을 펴내는 동안 드러나는 정서 또한 다르고 생각의 영역과 깊이 또한 변별력을 가질 수밖에 없다. 이번에 펴낸 『가슴에 번지는 미련』 역시 초기 시와는 상상력의 폭과 깊이가 다를 수밖에 없다.

지한주 시인이 이번 시집에서 가장 많은 관심을 보여주는 시적 세계는 인생을 어떻게 살 것인가, 즉 존재방식에 관한 사색을 드러내는 시편들이다. 흔히 나이 들어가면 인생이 무엇인지, 어떻게 사는 것이 인간답게 사는 것인지를 더욱 내밀하게 이해할 것으로 생각하지만, 그러나 이번 시집에서 지한주 시인의 존재방식을 묻는 질문은 보다 내밀하고 깊다. 이는 팔순의 연륜에 이르면서 곡진한 삶의 본질을 보다 진정성 있고 깊게 생각하기 때문이다. 오랜 시간 매달려 온 시적 주제는 어쩌면 생각이 깊으면 깊을수록 끝내 대답을 구하기 어려운 난제일지 모른다. 그럼에도 불구하고 시인은 일상의 소소한 일들에서 자신에게 묻는다. 아니, 독자들에게 보다 인간다움이 무엇인지를……. 지한주 시인의 이번 시집의 또 다른 축은 황혼에 이르른 인생을 뒤돌아보며 회한에 잠긴 모습을 보여주는 시편들이다. 이 또한 그동안 살아온 삶을 보다 인간답게 살고자하는 마음과 더불어 남은 생을 후회하지 않게 살기 위한 의지의 발현이다. 그리고 이번 시집의 또 다른 시적 경향은 유년의 추억과 고향에 대한 향수, 그리고 가슴 속 깊이 남아있는 가족애를 보여주는 시편이다. 서정시에서 유년과 고향을 뒤돌아보는 것은 그 시절이 때 묻지 않은 순수하고 맑은 동심을 가졌기 때문이다. 되돌아갈 수는 없지만 그 시간과 공간을 뒤돌아보면서 자신을 사려보고 마음을 정화시킬 수 있기 때문이다.

결과적으로 지한주 시인의 이번 시집은 노년에 이른

시인이 많이 남지 않은 시간을 보다 인간답고 의미 있게 보내겠다는 의지의 결과물이라고 할 수 있다.

2.

인간의 삶이란 한 치 앞도 내다볼 수 없는 것이다. 그러므로 날마다 인간답게 살아야 한다고 모든 사람들은 생각한다. 그러나 삶은 뜻대로 되는 것만은 아니다. 늘 어기적거리며 바른 삶의 궤도에서 일탈하기 일쑤이다. 자신 앞에 놓여진 길이 어디까지인지도 모르고 걸어가는 이른바 인생길은 결국은 혼자서 가는 길이여서 더욱 아득하고 조심스럽다.

무한정
가고픈 서러운 기억
양지발 담벽 사이로
넘나든 새로운 길을 찾아
이정표 없이 떠나는
나그네 길

세상 이치가
산다는 길인데 갈 곳을
못 찾아 방황하는 인생
흘러가는 파도 마냥
되돌림 없이 한사코
가야 하는 길

바람이란다.
아련한 삶의 여정은
마음속에 찾지 못한 미로
세월 속에 수놓은 한 점
아늑한 길

-「길 위에서」 전문

인생길은 "새로운 길을 찾아"가는 "이정표 없"는 길이다. 그리고 혼자서 가는 길이어서 "나그네 길"이다. 언제나 새로운 길을 가다보면 "갈 곳을 / 못 찾아 방황하"기도 한다. 그러므로 "흘러가는 파도 마냥 / 되돌림 없이 한 사코 / 가야 하는 길"이 인생이라고 화자는 말한다. "세상 이치가 / 산다는 길"이라고 인식한다. 다시 말해 인간의 '삶'은 말 그대로 '산다[生]'인데, 우리는 이 삶을 '길을 간다'고 한다. 그런데 갈 곳을 알지 못해 방황하는 경우가 많다. 그렇다고 해서 길을 포기하지 않고 어떻게 해서라도 길을 간다. 그 길이 잘못된 길이든, 제대로 된 길이든 길은 혼자서 갈 수밖에 없다. 그러면서도 보다 나은 길을 찾아가려고 한다. 화자는 인생'길'을 '바람'이라고도 한다. 주지하다시피 바람은 어디선가에서 와서 어디론가로 간다. 그렇기 때문에 화자는 "아련한 삶의 여정은 / 마음속에서 찾지 못한 미로"라고 말한다. 인생길에 경계가 없듯이 바람 또한 없는 길을 찾아가는 것이 인간이 가는 길과 다르지 않다. 그럼에도 인간은 "세월 속에 수놓은 한 점" 바로 그 지점의 "아득한 길"을 찾아가는 것이다.

이 작품은 '길'과 '바람'이라는 시적 대상을 통해 어떻게 삶의 길을 찾아가야할 것인가를 탐구하는 모습을 보여주고 있다.

다음의 「겨울 산」은 나뭇잎을 모두 떨군 겨울 나목과 겨울산을 통해 존재방식을 묘파하고 있다.

앙상한 가지
헐벗은 망각의 여로 속으로
흘러만 가는 무념의 세월
누가 뭐래도 흔들림 없는
생명의 끈은 무한대로
살아 있음이다

산다는 바람처럼
가슴 아린 계절의 슬픔은
서로의 버팀목이 되어
감싸고 보살피는 자연의 섭리
마지막 한 잎 아낌없이 주고
홀연히 떠나는 마음

아-인생이여 닮고 싶다
무언의 교훈 속에
깊어가는 산의 찬란한
순환의 진리를

-「겨울 산」 전문

화자는 겨울 산을 바라본다. 지난 계절 내내 푸르던 나무의 가지가 앙상하다. 나무는 자연의 순리에 따라 순응하기 위해 잎새를 떨군다. 주지하다시피 겨울은 날씨가 추워 숲은 생장활동을 멈춘다. 그렇다고 죽은 것이 아니다. "흔들림 없는 / 생명의 끈은" "살아있"다. 이처럼 시련의 시간을 "서로의 버팀목이 되어 / 감싸고 보살피는" 것이 "자연의 섭리"이다. "마지막 한 잎 아낌없이 주고 / 홀연히 떠나는 마음"은 나무뿐만 아니라 이 세상 생명이 있는 것이면 모두가 같은 것이다. 이 작품에서 '겨울 산'은 인고의 계절을 견디고 있는 것의 표상으로 나타난다. 그리고 겨울 산의 나무들이 견딜 수 있는 것은 생명이 다시 살아오는 봄날을 기다리는 희망 때문이다. 이것 역시 순환하는 자연의 섭리에 의해 그것을 아는 겨울 산은 아무런 생명이 없는 것처럼 보이지만, 그러나 자연의 이치는 어김없이 새 생명을 되돌려주는 것이다. 화자는 "아-인생이여 닮고 싶다"며 겨울 추위를 견디는 나무와 겨울 산의 끈질긴 생명력과 자연에 순응하는 인고의 정신을 닮아 삶의 지표로 삼고 싶다고 노래한다.

인간은 누구나 결핍이 있다. 그 결핍을 극복하거나 치유하기 위해 노력한다. 그러나 결핍을 해소하는 일은 쉬운 일이 아니다. 그런 까닭에 예술가들은 자신의 작품을 통해 결핍을 해소하기 위한 다양한 상상력을 펼친다. 「내가 왜 이럴까」에서 화자는 '집착'으로 인해 진정한 삶을 살지 못하는 자신을 탓하며 성찰한다.

그냥 그대로

바람이 멋대로 불어가듯
허 허 웃으면 아무것 아닌데
슬프고 괴로워 힘들어도
오늘을 살고 있는 현실이
값지고 오진 삶인데

아무것도 아닌데
놀라서 지레 겁먹고
우울하며 서글퍼 하느냐
한 세상 참하게 사는 것
마음먹기인데 진정
내가 왜 이럴까

아름다운 하늘구름
푸른 바다 산천초목이
돌아가는 세상의 순리가
그대로인데 나만 왜 이럴까
모든 순간의 집착에서
버리면 그만인 것을

-「내가 왜 이럴까」 전문

화자는 자신을 들여다보며 결핍을 발견한다. 아니, 늘 인식하고 있는 결핍 하나를 생각한다. 살아가면서 일어나는 어떤 상황에 대해 괴로워한다. 그 상황은 화자가 볼 때 원만하지 못한 부정적인 상황이다. 화자의 말처럼 "그냥 그대로 / 바람이 멋대로 불어가듯 / 허허 웃으면 아무것 아닌" 상황이다. 그런데 작은 것에도 반응하는 화자 자신에 대해서 못마땅해 한다. 인간의 삶은 “슬프고 괴로워 힘들어도 / 오늘을 살고 있는 현실이 / 값지고 오진 삶”인 것을 화자 역시 잘 알고 있다. 그렇기 때문에 그냥 지나칠 수 있는 일에 반응하는 자신이 좋아 보이지 않는다. 그래서 화자는 자신에게 “아무 것도 아닌데 / 놀라서 지레 겁먹고 / 우울하여 서글퍼하느냐”고 스스로를 꾸짖거나 달랜다. 화자가 추구하는 삶의 목표는 “한 세상 참하게 사는 것”이다. 이는 “마음먹기”에 달려있다. 그러므로 화자는 “내가 왜 이럴까” 자책한다.

“하늘 구름”과 “푸른 바다 산천초목” 등 자연은 모두 순리를 지키며 살아가는데 화자 자신만이 이러한 이치를 어기고 집착을 버리지 못하고 살아간다. 그래서 “순간의 집착에서 / 버리”고 살아가라고 다짐한다.

이 밖에서 살아가는 방식에 대한 성찰을 하는 작품으로 「자책의 변」에서는 “세상 살아가는 그 누구에게 / 기쁨 한 번 주어본 적 없는 / 내가 누구인지 자신도 모”른다고 고백한다. 「생명의 터전」에서는 “사람 냄새가 나는 / 순수한 가슴으로 살고 싶”다고 한다. 이렇듯 자신의 존재방식에 대한 변화를 요구하는 작품들은 수없이 많다. 「버리며 살아가기」에서는 “마음 흘러가듯 살”아야 한다고 하고, 「마음의 여로」에서는 “산다는 게 고마”운 일이라고 하며, 「노을빛 가슴에 앉고」에서는 “뒤돌아보는 여유도 없이 / 발버둥친 삶의 뒤안길”을 뒤돌아보기도 한다. 또한 「세상이 뭔지를 모르고」에서는 “허세를 떨면서 온갖 위선과 자만 / 한껏 남을 배려할 줄 모르”고 살아온 삶에 대해 각성과 성찰을 하고 있다.

3.

인간뿐만 아니라 모든 살아있는 생명체는 생로병사의 과정을 겪는다. 이는 봄 · 여름 · 가을 · 겨울이 순환하는 것과 같다. 지한주 시인 역시 봄 · 여름 · 가을 · 겨울의 사계에서 늦가을쯤의 지점에 이르렀다. 그러는 동안 청년 시절의 패기도 점차 힘을 잃어가고 있고, 지나간 시간들에 대한 회한과 그리움의 정서를 되씹는 시간을 보내고 있다. 모든 인간들이 그렇듯이 노년에 이르면 지나간 시간에 대한 회한이 가슴 속에서 더욱 부풀어 오른다. 특히 시인의 삶을 살면서 젊은 시절에 대한 생각, 지금은 세상에 없는 사람들에 대한 그리움이 커지는 시간들이 많기 때문이다. 그래서 '청년은 꿈을 먹고 살며, 노인은 추억을 먹고 산다'는 말처럼 지나간 시간들에 대한 생각들을 자꾸만 반추하는 것이다.

세월 가로질러
살아온 만큼 뒤돌아보는
마음의 여유로 세상사는 건데
바람처럼 흔적 없이 떠나가 버린
기억 저편 어릴 적 고향 친구들
저 먼-곳에 아니면 그 어디서
지금은 무얼 하며 저물고 있는지
뒤늦은 회한이 앞선다

아쉬움에 가슴 저미는
흘러 가버린 주름진 세월
무심하고 자만했던 일순간
참회하지 못한 서러운 기억들이
자꾸만 피어올라 번민하는
자신이 한스럽다

뒤돌아보며
후회한들 무엇 하랴만
애증 같은 가슴 시린 갈증은
자동차 떠난 뒤안길처럼 허전하다
철없던 그 시절 되돌릴 수 있다면
지인들께 이제라도 못다 한
손길 한번 주고 싶다

-「뒤늦은 후회」 전문

화자는 시제처럼 '뒤늦은 후회'를 하고 있다. 팔순에 이른 지점에 서서 까마득한 유년에서부터 지금까지 살아온 켜켜이 쌓인 추억들을 떠올리며 회한과 성찰의 시간을 갖고 있다. "세월 가로질러 / 살아온 만큼 뒤돌아보는 / 마음의 여유로 세상을 사는 건데" 화자는 그렇지 못한 삶을 되돌아보고 있다. "바람처럼 흔적 없이 떠나가버린 / 기억 저편 어릴 적 고향 친구들" "지금은 무얼 하며 저물고 있는지 / 뒤늦은 회한이 앞선다" 짐승들도 죽을 때는 제가 태어난 곳으로 돌아간다는 말처럼 화자는 노년에 이르러 고향과 어릴 적 친구들을 생각한다. 더러는 이 세상 사람이 아닐 것이고 더러는 어디에서 사는지도 모르는데 이제야 유년과 고향을 찾는다. 인간은 젊은 시절 자신의 삶을 따라 대처로 떠나 산다. 화자 역시 그랬을 것이다. 그러는 동안 잊고 살아온 그리운 것들을 생각한다. 기나긴 인생이라는 시간을 제각각 살다가 노년에 이르러서야 고향과 유년의 벗들을 되찾는 자신을 후회한다. 이는 “흘러가버린 주름진 시간”을 공유하지 못한 회한의 감정이다. 뿐만 아니라 “무심하고 자만했던 일순간”과 “참회하지 못한 서러운 기억들”에 대한 뒤늦은 후회이다. 그러나 “뒤돌아보며 / 후회한들 무엇하”겠는가를 자책한다. “애증 같은 가슴 시린 갈증은 / 자동차 떠난 뒤안길처럼 허전”할 수밖에 없다. 그러면서도 “지인들께 이제라도 못 다한 / 손길 한 번 주고 싶”은 마음이다. 많이 남지 않은 시간이지만 참회하지 못한 시간들을 다시는 되풀이하고 싶지 않기 때문이다.

「아카시아 그늘에서」 역시 고향을 떠올리며 향수와 회한에 젖어 지난날을 그리워한다.

동구 밖 샘터에
아련히 피어오른
아카시아 향내음이
잊혀진 그리움으로
옛일을 불러 모아 아쉬운
눈시울 여미게 한다.

고향
자꾸만 불러 봐도

아리고 허전한 메아리
입언저리에 맴도는 못다 한
갈증 같은 외로움이
삶의 무게로 덧없이 피인
서글픈 연륜 이려나

짙은 향만큼
가슴에 스며드는
지워지지 않는 기억들이
세월너머 회한의 미소로
온 누리에 퍼져가는
아카시아 향기여

-「아카시아 그늘에서」 전문

화자는 "동구 밖 샘터에" 간 것일까. 때는 봄날이어서 아카시아 향내음이 진동한다. 아카시아 향내음은 어린 시절 고향을 떠올리는 연상작용을 한다. 그래서 "잊혀진 그리움으로 / 옛일을 불러모"으는데 옛 생각에 "눈시울을 여"민다. 아카시아 향기를 통해 유년의 수많은 정서적 사건들을 떠올리며 눈시울을 적신다. 황혼에 이르러서야 고향을 떠올리는 화자의 심정은 아리고 그리움의 감정에 젖을 것이다. "자꾸만 불러봐도" '고향'은 "아리고 허전한 메아리 뿐" 화자가 살았던 유년의 고향은 없다. 상전벽해라는 말처럼 변해버려 화자의 마음속에만 존재하기 때문이다. 유년의 고향으로 되돌아갈 수 없는 현실은 화자에게 "갈증 같은 외로움이 / 삶의 무게로 더없이 피인"

연륜 뿐이며 그 연륜 때문이다. 아카시아 "짙은 향만큼 / 가슴에 스며드는 / 지워지지 않는 기억들이" 지나간 시간 너머에 아득할 뿐 화자는 회한에 젖을 뿐이다. 그럼에도 아카시아 향기는 오래된 시간 너머 추억 속에 깃든 그리움만 더하게 할 뿐이다. 노년에 이르러 아카시아 꽃이 핀 나무 아래 그늘에서 고향을 향수하는 화자의 심정이 안타깝다.

세월은 화살 같아서 금세 지나가버렸다. 그러는 동안 청춘도 지나고 어느새 노년에 이른 시인은 삭신이 아파온다.「세월의 통증」은 이러한 정서를 담아낸 시편이다.

삭신이 저려오는
생전 어매의 통증처럼
온 마디가 쑤시고 아픈
철 지난 세월의 흔적들
뒤늦은 회한이 앞선다.

그땐 몰랐었는데
육신의 슬픈 고통을
이제 조금은 알 것 같아
세월의 뒤안길에 가슴시린
철없던 기억들

미처 못 다한
정 그리운 사연들이
시나브로 피어난 아쉬움에
저물어 가는 인생길

덧없는 세월이여

-「세월의 통증」 전문

어머니는 "온 마디가 쑤"셨다. 그 때는 그 통증의 깊이를 잘 몰랐지만 이제 "삭신이 저려오는 / 생전 어매의 통증"을 이해하게 된다. 이는 그만큼 많은 세월이 흘렀기 때문이다. 그러므로 화자는 "뒤늦은 회한"이 앞선다. "그 때는 몰랐었"지만 "이제 조금 알 것 같"다. 그러나 수많은 세월이 흐르는 "세월의 뒤안길에 가슴 시린", 그래서 "철없던 기억들"이 떠오른다. 통증을 통해 어머니의 아픔을 알게 되고 육신의 고통을 이해하게 된 것이다. 세월은 아득하게 흘러 아직도 "미처 못다한 / 정 그리운 사연들이" 피어나는 "저물어 가는 인생길"을 화자는 "덧없는 세월" 때문이라는 것도 알게 된다. 이렇듯 인생은 '시간'이라는 보이지 않는 흐름 속에 존재하고 마침내 시간 속에서 사라지는 것을 이 작품은 말해 준다.

이밖에도 노년에 이르러 지난날에 대한 그리움과 회한, 그리고 성찰의 모습을 보여주는 작품들은 많다. 「광한루에서」는 광한루 잔디밭에 앉아 "젊은 시절에 보았던 수많은 / 사연들을" 펼쳐 보이기도 하고, 「비탈길 돌고 돌아」에서는 화자가 지나온 시간을 들여다보니 인생은 오르막도 있고 내리막도 있음을 비탈길에 핀 하얀 민들레를 바라보며 인생이 무엇인지를 묘파한다. 「회한의 눈물」에서는 사월에 죽음을 맞은 어린 생명들을 잊지 못하며 속죄하며 회한의 눈물을 흘린다. 「물리 치료실」에서는 물리 치료실에서 치료를 받으며 “인생은 꿈”이라는 말처럼 “밤낮없이 자기최면 속에 지샌” 시간들을 생각한다.

4.

유년과 고향, 그리고 부모님이 지닌 시적 정서는 인간의 맑고 순수한 정신을 추구한다. 아직 때 묻지 않은 어린아이의 천진난만함과 고향을 생각하는 해맑은 마음은 부모님을 생각하는 마음과 다르지 않다. 가족을 위해 희생하고 헌신한 마음을 바라보는 마음은 언제나 순수하기 때문이다. 그래서 서정시는 유년, 고향, 부모님이 표상하고 있는 시적 의미를 아주 중요하게 생각한다. 서정시는 인간의 마음을 정화시키는 기능을 가지고 있는데 유년, 고향, 부모님이 바로 그 지점에서 만나는 대상이다.

「그리운 사람들」은 말 그대로 어린 시절 함께 놀았던 고향 친구들과 고향사람들에 대한 그리움을 드러낸 시편으로 시인의 맑고 순수한 정서를 만날 수 있다.

> 그립다
> 소꿉놀이 하던 고샅
> 그 친구들 지금은 어디서
> 하얗게 가버린 세월
> 못 잊어 하겠지
>
> 희미한 기억들
> 저무는 노을처럼 이제는
> 얼마 남지 않았는데

자꾸만 서글퍼지는 외로움
그리워 보고픈 사람들

다 떠나가 버린
아련한 그리움들이
유년시절 손 놓아 감싸주던
어매의 간절한 정 그리움처럼
수시로 목말라 찾고 싶은
허전한 세월

그리운 사람들
다시 한 번 보고파
아려오는 가슴인데
갈증 같은 무심한 세월만
속절없이 가는구나

-「그리운 사람들」 전문

우리나라는 근대화를 진행하면서 농경사회가 붕괴되고 산업사회로 이행되었다. 이 과정에서 도시는 팽창하고 농촌은 인구가 많이 감소되었다. 그러는 사이 도시로 공부하러 가거나 고향에서 학교를 마치고 많은 사람들이 도시로 떠났다. 그러면서 농촌은 갈수록 피폐해지고 주로 노인들만 남았다. 이처럼 우리나라 근대화는 농촌을 붕괴시키고 도시를 확장하는 결과를 낳았다. 지한주 시인 역시 고향을 떠나 도시로 나가 살게 되면서 고향 친구들과 떨어져 살게 되었다가 노년에 이르러 고향 친구들을 생각한다. 그동안 바쁘게 살다가 이제사 찾는 옛 친구들을 궁금해 하지만 알 길이 없다. 이제 인생은 다 살아버린 늦은 오후 같은 시간이어서 "희미한 기억들 / 저무는 노을처럼 이제는 / 얼마 남지 않았는데 / 자꾸만 서글퍼지는 외로움"이 일어난다. 또한 "유년시절 손 놓아 감싸주던 / 어매의 간절한 정 그리움처럼 / 수시로 목말라 찾고 싶은 / 허전한 세월"이 마음을 아프게 한다. 그런데 "갈증 같은 무심한 세월만 / 속절없이 가"고 있다. 어린 시절 함께 놀았던 친구들과 고향 사람들에 대한 그리움이 큰 것은 너무도 많은 시간이 흘러가버렸기 때문이다. 세월의 무상함과 함께 인생무상, 그러면서도 어쩔 수 없는 그리움이 가슴을 친다.

시인은 해마다 명절 때가 되면 고향을 찾아 성묘를 하곤 했나보다. 그러나 이제는 나이가 들어 유난히 힘들고 버거운 심정을 토로한다.

조상님 음덕에
나 오늘 여기 있었네.

풀숲 우거진 샛길 따라
찾아가는 성묘길이 올해는
유난히 힘들고 버거워진다
예년 보다 달라진 육신의 균형이
벌써 언제 지나가 버린 흐름이였나
세월의 강을 따라 멀어져간 시간이
한없이 처연하고 야속하기만 한
삶의 뒤안길에 시린 가슴

서글퍼 눈물이 난다

-「성묘길에서」 전문

화자는 먼저 자신이 이 세상에 존재하는 것은 "조상님 음덕"이라고 말하며 자신의 뿌리를 찾는 마음을 드러낸다. 해마다 "풀 숲 우거진 샛길 따라 / 찾아가는 성묘"길이다. 그런데 올해는 "유난히 힘들고 버거워진다" 화자의 고백처럼 "예년보다 달라진 육신의 균형이" 깨져가고 있기 때문이다. 다시 말해 세월이 흐를수록 점점 육신이 노쇠해진 까닭이다. 이처럼 노구를 이끌고 조상을 찾아 성묘를 가는 일은 우리민족의 조상에 대한 숭조사상 때문이다. 그렇지만 앞에서 밝힌 것처럼 갈수록 성묘하는 일이 힘들어가는 것에 대해 화자 자신이 언제 세월이 벌써 많이 지나갔는지를 묻는다. 세월 앞에 장사가 없다는 말처럼 몸이 늙어가는 것을 어느 누구도 어쩔 수 없기에 "세월의 강을 따라 멀어져간 시간이 / 한없이 처연하고 야속하기만" 하다. 그런 까닭에 "삶의 뒤안길에 시린 가슴 / 서글퍼 눈물이 난다"고 애달픈 마음을 안타까워한다.

나이가 들어갈수록 고향과 피붙이를 생각하는 마음은 인간의 공통된 마음이다. 시인 역시 노쇠한 육신을 이끌고 조상님을 찾아가는 것 또한 이와 같아서 애틋하지만 서글픈 마음으로 자신의 뿌리를 찾아가는 과정을 노래하고 있다.

다음의 「하늘 우러러 한 점」에서는 아버지에 대한 그리움을 담담하게 노래하고 있다.

늘 외로워 보이고
한정된 터전 속에 시름없이
세월 살다 가신 순수한 모습이
두고 온 산야처럼 못내 아쉬운
마음 그늘 이었다

흐르는 한잔 술에
미소 짓는 미움 없는 세월
늘 가식 없고 구김이 없었던
선한 모습 그대로 살아 숨 쉬는
파란 하늘이었다

생전에 못다한 그리움
메아리로 불러보는 아버지
샘솟는 뒤늦은 번민과 후회로
가슴 저미는 아쉬운 미련에
꿈에라도 한번 뵙고 싶다

-「하늘 우러러 한 점」 전문

어린 시절, 또는 젊은 시절 아버지에 대한 생각을 갖고 있는 화자는 아버지가 살았던 나이를 지나는 동안 그 때 알지 못했던 아버지를 발견하고 그리움의 마음을 토로한다. "늘 외로워 보이고 / 한정된 터전 속에서 시름없이 / 세월을 살다 가신 순수한 모습"을 화자는 떠올린다. 그것은 마치 "두고 온 산야처럼 못내 아쉬운 마음의 그늘이었다"고 고백한다. 삿된 세상살이에서 늘 순수한 모습으로 살다가 가신 아버지의 모습이 이제쯤에는 더욱 아름답고 위대해 보이지만 그것을 생각하면 아쉬운 마음과 그리운 마음이 크다. 술을 드시면서 "미소 짓는 미움 없는 세월"을 사시고 "늘 가식 없고 구김이 없었던 / 선한 모습"은 마치 "파란 하늘"처럼 티 없이 맑은 마음이셨다. 그런 까닭에 화자는 더욱 그리워 "메아리로 불러보는 아버지"이다. 모든 자식들이 그렇듯이 화자 역시 아버지에 대한 후회하는 마음이 앞서고 "가슴 저미는 아쉬운 미련에 / 꿈에라도 한 번 뵙고 싶다"고 한다. 일종의 '사부곡'이랄 수 있는 이 작품은 생전의 맑고 순수하고 가식이 없었던 아버지에 대한 그리움을 노래하고 있다.

이 밖에도 유년과 고향에 대한 그리움과 애달픔을 노래한 시편으로는 「고구마」가 있는데, 온가족이 둘러앉아 주식인 고구마를 먹던 배고픈 날을 회상하고 있고, 「따뜻한 아랫목」에서는 가난한 시절 물레가 돌아가고, 따스한 아랫목에서 행복한 대화를 이어가던 시절을 회상한다. 그리고 「저- 하늘에 형상의 빛이」에서는 노을진 하늘에 펼쳐진 생전의 할머니와 어머니의 구름 형상에서 마치 생시처럼 느껴져 그리움이 더해지는 모습을 그리고 「찔레꽃」에서는 지천으로 핀 하얀 찔레꽃을 따먹던 순수한 유년을 떠올리기도 한다.

마지막으로 시인의 아픈 마음을 전하는 시편을 살펴본다.

지한주 시인은 지난해 평생을 함께해온 인생의 도반인 아내를 급작스럽게 멀리 보내야했다. 평소 건강했던 아내가 청천벽력 같은 몹쓸 병으로 3개월만에 유명을 달리했으니 그 마음 어디다 두어야 위로가 되겠는가. 병상에서 초조한 마음으로 기적이 일어나기를 절실하게 기도하였으나 끝끝내 떠나버린 아내에 대한 그리움은 "시름없이 먼 산 바라보며 / 서성이는 허무한 그림자 찾"는다.

떠나고 난 빈자리가
허허벌판처럼 가늠할 수 없는
경직된 미로
물밀 듯 밀려오는
허탈감이 가슴을 죄여온다

허무한 그림자
그런 날들이 미련으로 남아
감수 못할 속된 인연 속에
이제는 지우지 못할 흔적들로
고요가 설움을 채운다

이별은 슬픔인 걸
서러운 마음 못 잊을 그리움
망각의 여로에 띄워 보내고
사랑하는 마음으로
덧없이 굽어 살피소서

-「아쉬움은 언제나」 전문

수십 년을 함께 살아오며 인생을 같이 해온 아내와의 느닷없는 이별은 너무나 허무하고 아쉬운 마음일 것이다. 어쩌면 삶의 목표가 사라진 듯 허무하기만 할 것이다. 그래서 "떠나고 난 빈자리가 / 허허벌판처럼" 느껴지며 "허탈감이 가슴을 죄여온다." 허무한 마음은 여전히 미련으로 남아 "이제는 지우지 못할 흔적들로 / 고요가 설움을 채운다" 한정없이 "서러운 마음 못 잊을 그리움"이 사무쳐 "망각의 여로에 띄워 보내고 / 사랑하는 마음으로 덧없이 굽어 살피소서" 간절하게 기도한다. 인간의 언어로 어찌 이별의 아픔을 다 표현할 수 있겠는가만, 시인은 아내와의 이별을 슬퍼하며 아쉬운 마음을 시 속에 담았다.

지한주 시집

가슴에 번지는 미련

2021년 1월 5일 인쇄
2021년 1월 15일 발행

지은이 | 지한주
펴낸이 | 강경호
인쇄 · 기획 | 도서출판 시와사람
등록 | 1994년 6월 10일 제 05-01-0155호
주소 | 광주시 동구 양림로119번길 21-1(학동)
전화 | (062)224-5319 팩스 | (062)225-5319
E-mail | jcapoet@hanmail.net

ISBN978-89-5665-586-4 03810

값 10,000원

＊잘못된 책은 바꾸어 드립니다.

공급처 ■ 한국출판협동조합

경기도 파주시 탄현면 오금리 202번지
주문전화 (02)716-5616, 070-7119-1740